AF440288

LA
NÉCESSITÉ D'ACTION

POUR

VENIR EN AIDE

AUX HAÏTIENS

« On ne doit pas délibérer quand il faut » agir. »

Allusion à ce fait :
« Les Grecs du quatorzième siècle au » moment où les Turcs assiégeaient Cons- » tantinople *discutaient* sur la lumière du » Thabor au lieu de s'occuper des moyens » de repousser l'ennemi.

SAINT-DENIS

TYPOGRAPHIE DE A. MOULIN

RUE DE PARIS, 17

1861

LA NÉCESSITÉ D'ACTION

POUR

VENIR EN AIDE

AUX HAÏTIENS

Les événements qui se sont accomplis le 16 mars 1861, à San Domingo, ont éveillé en France l'attention publique.

Chacun se demande par quels moyens il est possible à la France de protéger les colons, les régnicoles, tous nos anciens compatriotes de l'île Saint-Domingue, ainsi que vient de le faire l'Espagne en acceptant l'annexion de la *Dominique*, partie orientale de Saint-Domingue (1).

Avant de nous occuper des dispositions plus ou moins faciles qui peuvent aider à réannexer ou *placer simplement*

---

(1) Il y a déjà longtemps que l'Espagne méditait de nous enlever la Dominique qui nous appartient, et non pas à l'Espagne, puisqu'elle nous l'a cédée par le traité de *Riswick*, le 20 septembre 1697, et confirmé cette vente par celui de Bâle en 1795.

Et pourtant, au mépris de ces traités, l'Espagne vient de faire occuper par ses troupes la ville de Santo Domingo.

(*Moniteur* du 26 avril 1861, n° 115.)

sous notre protectorat cette importante colonie, il faut, ce nous semble, donner les motifs qui commandent impérieusement de ne pas laisser au pouvoir des Espagnols ou des Américains, ou des Anglais cette reine des Antilles.

Cette nécessité bien démontrée sera un stimulant pour le gouvernement de ne négliger aucun des moyens qui peuvent en préparer et en assurer l'annexion loyalement voulue par le peuple haïtien.

Quant à nous, environné de toutes les lumières des auteurs qui ont écrit sur cette belle colonie (1), nous prouverons qu'il n'est pas aussi difficile qu'on le croit d'assurer le succès de la réannexion.

Nous allons donc développer les immenses avantages que tous les grands États obtiennent des colonies.

Ce court exposé ne sera peut-être pas hors de propos à l'occasion de la question brûlante de Saint-Domingue.

Tous les peuples qui ont brillé sur la terre par les armes ou le commerce, ont senti de quels bienfaits l'esprit de colonisation pouvait être la source. Chez les anciens, les colonies étaient un des principaux moyens de puissance.

Chez les modernes, nous voyons l'Angleterre, la Hollande, les États-Unis, l'Espagne, l'Italie, voire même la Russie, partageant la même opinion, suivre les mêmes errements.

Pourquoi, dès lors, l'une ou l'autre de ces grandes puissances trouverait-elle à redire, avec raison, que la France n'a pas le droit d'agir de même?

______

(1) Voir l'*Annuaire encyclopédique* — et le *Mémorial*.

La France, moins portée pour le commerce que certaines des nations précitées, est la seule des grandes nations maritimes qui ne considère point les colonies sous le même aspect que nos jaloux voisins.

Faut-il s'étonner alors de la rivalité qui s'établit et qui se propage entre les grandes puissances maritimes, mues soit par l'espoir des découvertes, soit par le désir de coloniser, ou par l'ambition de dominer sur toutes les mers.

A leur tête marche l'Angleterre, dirigée par un *but unique*, par un grand esprit de suite (qui n'a d'égal qu'en Russie), et sans dévier jamais de ses plans. Elle offre à l'Europe, sinon un grand exemple à suivre, du moins une haute leçon. Plus puissante ou plus habile que ses rivales, elle est arrivée à les supplanter toutes et à se substituer à leurs droits (1).

Aidée du secours de sa politique, plus favorisée encore par les événements, quel large et immense tableau elle présente aux yeux de l'observateur étonné! — Toutes nos révolutions n'ont été pour elle qu'une occasion d'augmenter son empire sur les mers, et de lui assurer, en quelque sorte, le monopole du commerce du monde.

Que les puissances maritimes, que leurs gouvernements voient et jugent!

Maîtresse du continent indien, où elle a près de soixante millions de sujets, elle y domine sans rivales, et la Hollande et l'Espagne lui dérobent à peine quelques faibles parcelles d'un commerce qu'elles lui disputaient jadis.

Bombay et Calcutta lui donnent la suzeraineté de l'Indus

---

(1) A preuve Périm, Aden, Gibraltar, Corfou, l'île de France, et l'île qu'ils ont obtenue des Chinois par le dernier traité de paix.

et du Gange ; Madras écrase Pondichéri du poids de son voisinage. Souveraine de Ceylan, elle est maîtresse des deux côtes de Malabar et de Coromandel ; maîtresse du cap de Bonne-Espérance, elle peut ouvrir ou fermer à son gré ce seul point de relâche de tous les navires qui sillonnent le Grand Océan.

L'Ile de France est pour elle un entrepôt à l'entrée des mers de l'Inde.

La récente guerre avec la Chine lui procure un nouveau moyen de domination dans ces parages.

Alors que la générosité et la magnanimité du gouvernement français se bornait à réclamer la liberté pour nos missionnaires et protection pour l'exercice du culte..., le gouvernement anglais, de son côté, tout en obtenant les mêmes droits, les mêmes avantages que nous..., se faisait céder la propriété exclusive d'une île qu'elle est déjà en train de rendre imprenable. Point important, qu'elle ne tardera pas à convertir en un *second Gibraltar*, et d'où, en cas de guerre, elle pourra lancer sur ses ennemis ses nombreux vaisseaux abrités sous ses forts.

Indépendamment de ses possessions en Afrique, elle convoite aujourd'hui la Syrie, la Sicile ; déjà elle s'est emparée de Périm, qui la rend maîtresse de la mer Rouge, dont elle défend l'entrée par l'île de *Socotora*, qu'elle a trouvée à sa convenance. Non loin de là, elle a fait relever les côtes du golfe Persique et s'est rendue maîtresse des îles qui la peuplent à telles fins que de raison, et pour se mettre en garde contre la Russie.

Par elle (l'Angleterre), les terres sauvages de la Nouvelle-

Hollande et de la Nouvelle-Galles voient s'élever des colonies déjà florissantes, et se peuplent d'industrieux colons.

En Amérique, indépendamment du Canada, qu'elle nous a..., la *Jamaïque*, assez peu importante comme colonie agricole par l'épuisement du sol, est devenue pour l'Angleterre du plus haut intérêt comme colonie de position. Placée au centre des Antilles, son gisement lui assure tous les avantages du plus grand commerce interlope avec toutes les colonies des autres puissances.

Jalouse de *Saint-Domingue*, elle a fait et fera tout pour nous y supplanter dans l'esprit de ses habitants.

C'est surtout dans ses possessions sur les mers d'Europe que la politique anglaise a déployé toutes ses ressources pour y affermir son empire maritime.

En effet, *Gibraltar* commande le détroit; *Malte* commande la Sicile, l'Italie et les échelles du Levant; *Corfou*, concession bizarre, ferme à son gré l'Adriatique.

Helgoland domine les bouches de l'Elbe. Tous ces points renforcent la puissance maritime de l'Angleterre et démontrent tous les avantages qu'elle peut obtenir de l'étendue qu'elle a donnée à son système colonial.

Les îles *Musha*, *Bab* et *Eïvat*, à la côte orientale d'Afrique; les îles *Curra-Moria*, à la côte d'*Aden*, lui donnent une nouvelle force.

Tel est le tableau sommaire que présente à l'œil étonné la Grande-Bretagne. Dans toutes les mers, dans tous les marchés, sur tous les points du globe, on est sûr de la rencontrer fière, active, *dénigrante* (1), quand elle n'ose pas être

(1) L'ambassadeur Siamois, attendu ces jours-ci à Paris comme envoyé extraor-

menaçante. Et ce pouvoir, c'est à sa marine, c'est à ses colonies qu'elle le doit.

Mais est-elle seule dans ce cas? Son exemple n'est-il pas
imité par d'autres puissances?

La Hollande, par son économie et son activité, cherche à
réparer les pertes qu'elle a faites.

Les Américains du Nord étendent tous les jours un commerce devenu immense dans les cinq parties du monde.

La Russie, ce géant du pôle, qui comptait à peine en Europe il y a un siècle, et qui déjà fait peser sur elle son poids
accablant, s'agrandit chaque jour. Maîtresse de la mer Noire
et de la mer Caspienne, menaçant toujours la Turquie (no-
nobstant la destruction de Sébastopol), tant par le Caucase
que par mer, pesant fortement sur les frontières de la *Perse*
par des places fortes nouvelles établies en Circassie, souveraine de la Finlande, et presque de la Baltique dont elle
comprime les princes riverains; — à l'autre extrémité de
son immense empire, touchant à la Chine par *Kiatcha*, y
pénétrant par le fleuve Amour, il ne restait au czar que
d'ajouter à ses immenses états quelques contrées de l'Amérique.

L'abandon d'une étendue de côtes de près de quatre cents
lieues de long, qu'il a obtenues dans le nord-ouest, lui
assure des points de relâche, des postes commerciaux et
militaires, et une continuité de possessions qui lui donne
droit de préséance et intérêt direct sur l'Océan Pacifique, et
d[illegible] en fournit la preuve. Un Anglais a osé dire au roi de
Siam [illegible] n'avait pour toute marine *que deux vaisseaux*. Pour se con-
vaincre [illegible], s[on] envoyé n'aura qu'à visiter nos ports militaires.

même sur une partie du continent américain puisqu'elle n'est plus éloignée que de deux cents lieues du Mexique, et qu'il n'y a plus entre l'extrême frontière de la nouvelle possession et le dernier établissement de la Californie, que la courte distance de trente lieues.

Le Portugal et l'Espagne, jadis si puissants, n'ont déchu de leur puissance que du jour où ils ont perdu leurs plus belles colonies.

Maintenant si nous appliquons à la France, comme puissance productrice, commerciale, industrielle et maritime, les principes et les faits que nous avons tour à tour exposés, les conséquences nécessaires qui s'en déduisent nous démontrent l'urgence (1) et l'à-propos dont il est pour le gouvernement de redevenir, *sinon le possesseur réel*, au moins *le protecteur agréé de notre ancienne colonie de Saint-Domingue.*

Si nous rappelons ce que cette belle colonie fut longtemps pour nous, et ce qu'elle peut devenir encore, soit par annexion, soit par association, ou tout autre lien approprié aux circonstances, on reconnaîtra, malgré les prédictions de quelques prophètes sinistres, qu'elle doit fixer toutes les *sollicitudes du gouvernement français*, surtout depuis que *la partie orientale de Saint-Domingue a demandé son annexion à l'Espagne* (2).

---

(1) Madrid, 18 avril 1861. — La *Correspondencia* dit que le gouvernement acceptera l'annexion de San-Domingo lorsqu'il aura vérifié si le vote général solennel s'est fait tranquillement.

Les Dominicains acceptent la législation des colonies espagnoles.

Nulle puissance n'a, jusqu'à ce jour, réclamé contre l'incorporation de San-Domingo à l'Espagne. (*Journaux français* du 20 avril 1861.)

(2) Peu de jours avant la décision prise par Santana, don Jose Cabral, général

Saint-Domingue, suivant la belle expression d'un écrivain judicieux, *est la sentinelle avancée de l'Ancien-Monde sur le Nouveau.*

En effet, sa situation topographique, le gisement de ses ports, l'étendue de ses côtes, en font la *dominatrice* des Antilles et la clef du golfe du Mexique, presque autant que l'île de Cuba, dont elle n'est éloignée que de trente lieues de France.

Cela explique pourquoi l'Angleterre choye et adule les Haïtiens!...

Sa richesse, ses produits innombrables du règne végétal, semblent la destiner à être exclusivement la grande factorerie de l'Ancien-Monde dans ses rapports avec le Nouveau.

Existe-t-il des considérations qui puissent empêcher la France de *refuser* son protectorat à la république d'Haïti?

Non, aucune!

Ici, l'intérêt, la religion, le langage, les habitudes, ces quatre grands mobiles des gouvernements, parlent plus haut que les autres considérations que l'on pourrait invoquer.

Ces quatre motifs, il faut les voir où ils sont réellement et ne voir qu'eux.

Devons-nous abandonner d'anciens Français? Car tous les Haïtiens l'ont été.

Oui ou non; il faut répondre.

---

en chef, avait protesté par un appel à la nation contenant les projets de *Santana,* — et tous les adversaires de l'annexion avaient trouvé un bon accueil à Haïti, où le gouvernement du président *Geffard* n'est pas sans inquiétude sur les projets ultérieurs de l'Espagne.　　　　(*Indépendance* du 19 avril 1861.)

Mais avant tout voyons quelle est aujourd'hui la position des Haïtiens (1).

Saint-Domingue partagée entre les Dominicains et les Haïtiens est tout à fait contiguë; ses habitants pratiquant la même religion catholique romaine. Croit-on naïvement que si *l'Espagne* accepte l'annexion que vient de faire voter le général Santana (2), cette grande puissance ne cherchera pas à absorber la république d'Haïti (3)?

En douter serait une vraie aberration.

Aussi le président Geffard n'est-il pas sans inquiétude sur les projets ultérieurs de l'Espagne (4)!...

D'un autre côté les Américains séparatistes du Sud, qui ont conservé l'esclavage, ne feront-ils aucune tentative pour s'allier avec les grands tenanciers de Saint-Domingue?

Les Anglais, à leur tour, ne chercheront-ils pas par mille moyens d'imposer leur protectorat aux Haïtiens?

Poser ces questions, c'est en démontrer l'exactitude.

(1) Le *Daily News*, de Londres, résume dans les lignes suivantes un long article qu'il consacre à cette question :

« Au moment où tout s'offre sous un si flatteur aspect dans la république haïtienne, on apprend que, dans l'île même, dans la partie qui n'est séparée d'Haïti que par une ligne de frontière, les armateurs de Cuba qui ont vécu dans la traite des nègres vont y établir un nouveau Cuba. Les flibustiers annoncent que des vaisseaux de guerre les suivent pour rendre impossible toute opposition au nouveau régime. C'est là une affaire dont il faut s'occuper promptement. »

(2) En prenant le titre de capitaine général.

(3) Madrid, 24 avril. — La *Correspondencia* annonce que l'adjudant général de Cuba est parti le 26 mars, apportant les conditions auxquelles doit se faire la réincorporation des Dominicains à l'Espagne.   (*Havas-Bullier*).

(4) Lire l'*Indépendance* du 19 avril 1861.

Et on voudrait que la France, gouvernée par un Napoléon, abandonnât les citoyens d'une colonie jadis française? Colonie qui aime toujours la mère-patrie puisqu'elle lui confie l'éducation de tout ce qu'elle a de plus cher, ses enfants.

La planche de salut pour les Haïtiens est celle que doit leur offrir la France.

Qu'ils demandent donc, s'ils en ont envie, *leur annexion à la France* sous les mêmes conditions que celles imposées par les Dominicains à l'Espagne!

Ou qu'ils se bornent à réclamer son protectorat.

Toute la France applaudira; le gouvernement avisera.

Nous ne comprenons pas l'appréhension de ceux qui voient sortir la guerre des événements les plus simples.

Avons-nous fait la guerre à l'Angleterre parce qu'elle a pris *Périm?*

Nous l'a-t-elle faite parce que nous avons accepté la Savoie?

Nous la déclarera-t-elle si nous imitons l'Espagne et accordons notre puissant protectorat aux Haïtiens?

Non, non, mille fois non! La guerre est une chose trop grave pour être déclarée légèrement, surtout à la France qui ne la craint pas.

On y regardera à plusieurs fois avant de nous attaquer.

Si cependant, de l'autre côté du détroit, on nous demandait des explications, elles seraient simples et sans réplique :

« *Pourquoi et comment êtes-vous à Aden, à Périm et en Chine?*

La solution d'une question vitale pour Saint-Domingue ne doit et ne peut dépendre que de ses habitants; qu'ils la décident promptement. Nous le répétons : il y a urgence ! car leur avenir en dépend.

En résumé, l'intérêt français (1), celui de nos colons de Saint-Domingue qui ont de justes revendications à faire valoir, indiquent suffisamment quelle sera la politique de la France. Les actes patriotiques accomplis jusqu'à présent par le gouvernement de Napoléon III nous disent d'avance qu'on peut être assuré qu'il résistera aux prétentions mal fondées de quelque puissance que ce soit (2).

(1) En se donnant à l'Espagne, les Dominicains ont invoqué le principe des nationalités. — Mais même en ce cas, l'Espagne serait obligée de nous rendre la *Dominique*, puisqu'en rentrant en sa possession, elle nous en doit la restitution aux termes des deux traités cités plus avant. — Car il n'y a point de droit contre le droit.

(2) Le gouvernement espagnol a pris les mesures nécessaires pour que, dans le cas de l'acceptation des votes des Dominicains, notre armée des Antilles n'ait pas à souffrir des vides qui seraient faits dans les cadres. C'est pour cela qu'il vient d'envoyer 1,200 hommes de troupes à Cuba, qui remplaceront celles envoyées à Santo-Domingo. *(Correspondencia)*, *Moniteur* du 26 avril 1861.